Guy Patrick Milon

Le Sablier du Temps

Guy Patrick Milon

Le Sablier du Temps

Le Temps donné à l'humanité est compté

Éditions Croix du Salut

Imprint

Any brand names and product names mentioned in this book are subject to trademark, brand or patent protection and are trademarks or registered trademarks of their respective holders. The use of brand names, product names, common names, trade names, product descriptions etc. even without a particular marking in this work is in no way to be construed to mean that such names may be regarded as unrestricted in respect of trademark and brand protection legislation and could thus be used by anyone.

Cover image: www.ingimage.com

Publisher:
Éditions Croix du Salut
is a trademark of
Dodo Books Indian Ocean Ltd. and OmniScriptum S.R.L publishing group

120 High Road, East Finchley, London, N2 9ED, United Kingdom
Str. Armeneasca 28/1, office 1, Chisinau MD-2012, Republic of Moldova, Europe
Printed at: see last page
ISBN: 978-620-6-16994-9

Table des matières

Préface 3

PARTIE 1
Votre temps est compté pour entrer dans votre destinée...........5

I. Songes et visions : le sablier du temps 5

1. Les songes et les visions 5

2. Le songe du sablier du temps 6

II. Le choix de votre destinée 9

1. Le corps, l'âme, l'esprit...9

2. La mort ou la vie pour l'éternité 11

III. Recevoir le salut en Jésus-Christ....................................19

1. Comment puis-je faire pour être sauvé ? 19

2. La nouvelle naissance 26

IV. Recevoir le Saint Esprit...28

1. Le baptême dans le Saint Esprit....................................28

2. Prière pour recevoir le Saint Esprit................................30

V. La guérison divine 31

1. Jésus guérit encore aujourd'hui.....................................31

2. Conseils pratiques 33

VI. L'importance de lire la Parole de Dieu 38

1. Présentation de la bible..38

2. La Parole révélée 38

VII. La prière ointe 40

1. La prière sous l'onction 40

2. Le point de contact 41

VIII. Témoignage et invitation 42

IX. L'Eglise...45

1. L'Eglise selon la Parole de Dieu............................45

2. Lettre à l'Eglise 47

PARTIE 2

Expériences missionnaires...51

1. Pourquoi j'annonce Jésus-Christ............................51

2. Activités missionnaires à travers le monde 51

3. L'association..65

Conclusion..67

Préface

Mariés depuis février 1987, parents de 3 beaux enfants, Guy et Chantal exercent le ministère tant dans l'enseignement, l'évangélisation et le prophétique.

Tous deux nés de nouveau en mars 1983, baptisés du Saint-Esprit, ils ont commencé à travailler dans un ministère d'évangélisation en 1987, en implantant des chapiteaux dans les villages et les villes de France, gagnant chaque semaine des dizaines d'âmes pour le royaume du Père.

Les épreuves et des difficultés rencontrées les ont affermis et préparés à une œuvre plus grande.

Chantal, femme de prière et enseignante prophétique, tient son mari sur la brèche, celui-ci étant envoyé dans différentes nations du monde pour y porter la bonne nouvelle et guérir les malades.

Le ministère donné à Guy est puissant en parole et en œuvre, de nombreuses âmes sont gagnées à Christ, les conversions et les guérisons physiques sont abondantes.

Guy est formateur et évangéliste à temps plein, Chantal est conseillère sociale et familiale, ainsi qu'enseignante en sciences médico-sociales.

Ils contribuent à la moisson de la terre en soutenant des ministères, en envoyant du matériel pour l'évangélisation, en œuvrant dans l'action humanitaire et la création de dispensaires et d'orphelinats à travers le monde.

Guy est également le conseiller spirituel auprès de l'association La Main Tendue, qui apporte secours aux plus démunis en France et dans différentes nations.

Ensemble depuis 1987, ils avancent contre vents et marée, comptant sur le Seigneur, ayant une foi inébranlable avec pleine confiance dans Celui qui est, qui était et qui sera.

Leur parcours, l'appel au ministère, les voyages missionnaires sont autant d'expériences qui peuvent vous enrichir.

Cette brochure d'une grande simplicité nous rappelle que l'évangile n'est pas compliqué et nous ramène à l'essentiel de nos existences.

En vous souhaitant une bonne lecture !

PARTIE 1

Votre temps est compté pour entrer dans votre destinée

I. Songes et visions : le sablier du temps

1. Les songes et les visions

a) Les songes

Donné par le Seigneur la nuit pendant votre sommeil, le songe est souvent interprété par des images incompréhensibles à l'esprit humain, mais révélées par le Seigneur.

Il est différent des rêves car ceux-ci passent, sont vite oubliés, tandis que le songe va marquer votre vie, il porte en lui un sceau royal. C'est extraordinaire !

Le songe nous parle de notre présent et de notre avenir. Ce qui est important c'est d'apprendre à écouter car le Seigneur veut nous parler, tantôt d'une manière, tantôt d'une autre car Il veut nous conduire dans la direction divine.

Le songe peut trouver son accomplissement de suite ou plusieurs années plus tard, selon la volonté du Seigneur.

b) Les visions

Le terme vision vient de « vu » c'est quelque chose que vous voyez, qui apparaît devant vous. La vision est donnée par le Seigneur ; elle peut paraître étrange comme le songe d'ailleurs, néanmoins elle est communiquée à des personnes dans des buts précis. En effet ce que fait le Seigneur n'est pas dû au hasard - celui-ci n'existant pas. Il connaît toutes choses et toutes situations du passé, du présent et de l'avenir.

Les images qui vous sont montrées dans les visions sont souvent incompréhensibles. Vous avez plusieurs exemples dans la Bible, dont voici celui de l'apôtre Pierre relaté dans Actes ch10 v10 à 16 :

Quand l'apôtre Pierre eut faim, il monta sur la terrasse à l'heure de la prière et là, saisi par l'Esprit, il vit descendre du ciel une grande nappe recouverte de nombreux animaux impurs. C'est là que le Seigneur vint lui parler sur la considération des choses : au travers de cette vision Il informe l'apôtre Pierre qu'Il ouvre les portes de l'évangile aux païens (quelle grâce pour nous d'avoir la possibilité d'entrer dans le salut !)

Dans les deux cas (songes et visions), le Seigneur veut révéler des choses, des situations, un avenir.

Le Seigneur me parle régulièrement par des songes ; j'ai également appris à l'écouter, il est important d'avoir cette relation personnelle avec Lui.

2. Le songe du sablier du temps

C'est en avril 2020 que j'ai eu un songe qui m'a poussé à écrire ce livre, alors que je dormais profondément. Il nous est dit dans les Saintes écritures que le Seigneur parle par les songes et les visions. (Actes ch2 v17).

Dans mon songe, mon regard, mes yeux se sont tournés vers le ciel et là, voici ce que j'ai vu :

Un sablier géant, il était immense ! Sa base reposait sur la terre et touchait le ciel. Du ciel à la terre ! Le sable était de couleur argent et s'écoulait très vite. C'était une image extraordinaire ! Alors dans ce songe, je m'adressai au Seigneur et lui dis : « Seigneur, que veux-tu me dire ? » Alors le Seigneur me répondit (en mon for intérieur) : **« c 'est le sablier du temps qui s'écoule, le temps qui a été donné aux êtres humains sur la terre »**, et après avoir entendu cette parole je me réveillai et là le verset suivant des Saintes écritures vint puissamment dans ma pensée et dans mon esprit: *« Rachetez le temps car les jours sont mauvais, c'est pourquoi ne soyez pas inconsidérés mais comprenez quelle est la volonté du Seigneur »* Ephésiens ch5 v16-17.

Je crois fermement que le Seigneur veut s'adresser à tous : hommes et femmes, jeunes hommes et jeunes filles, qu'ils soient pauvres ou riches et quel que soit leur statut social (président, ministre, député, professeur, médecin, ouvrier...), à toutes et à tous. Il nous met tous en garde, il nous rappelle que notre temps est compté sur la surface de la terre.

Il est temps de nous réveiller, de prendre conscience de la réalité divine. Arrêtons de nous mentir à nous-mêmes ! Nous avons été aveuglés par les religions du monde, par les médias et tous ceux et celles qui nous gouvernent. Arrêtons-nous et prenons le temps de la réflexion.

Le sablier du temps est en train de s'écouler et plus vite que nous pouvons le penser. Chaque jour des événements surviennent, nous interpellant sans cesse : les catastrophes dans le monde, les guerres et les bruits de guerre, les famines et les tremblements de terre, les débordements des fleuves et des rivières...Et que faisons-nous ? La plupart d'entre nous vivons comme si demain nous appartenait, comme au temps de Noé où les hommes et les femmes mangeaient et buvaient, commettant adultères, infamies, ivrogneries, luxure, acceptant et reconnaissant le mal comme bien. Mes amis le sablier du temps des hommes s'écoule ! Ecoutez la voix prophétique qui avertit et qui se fait entendre : repentez-vous et croyez à la bonne nouvelle de l'évangile, soyez baptisés (par immersion) et soyez sauvés selon qu'il est écrit : *«celui qui croira et qui sera baptisé sera sauvé » Marc ch16 v16.*

N'attendez pas qu'il soit trop tard ! J'entends déjà ces cris de milliers de personnes conduites en enfer, poussant des cris de désespoir et de souffrance. Elles voudraient sortir de ce lieu, mais j'entends également cette voix qui se fait entendre dans le ciel et qui dit : « trop tard, trop tard, trop tard ! ».

N'attendez pas qu'il soit trop tard ! Si aujourd'hui vous entendez sa voix, alors tournez-vous vers le Seigneur. Il est le rocher sur lequel nous devons bâtir notre existence.

Quoi que vous pensiez, Jésus-Christ est vivant ! Il veut vous sauver, vous guérir et vous transformer de gloire en gloire.

II. Le choix de votre destinée

1. Le corps, l'âme, l'esprit

L'être humain est une personne tripartite car il possède un corps, une âme et un esprit selon I Thessaloniciens ch5 v23 : *« que le Dieu de paix vous sanctifie lui-même, tout entiers, et que tout votre être, l'esprit, l'âme et le corps, soit conservé irréprochable, lors de l'avènement de notre Seigneur Jésus-Christ ».*

Quelle différence peut-on établir entre le corps, l'âme et l'esprit ?

-**Le corps** est la part matérielle de l'homme. Il est fait de chair, on peut le considérer comme une enveloppe charnelle. Il n'a par lui-même aucune vie, c'est l'âme qui l'anime.

-**L'âme** est le principe vital de l'homme, sa force de vie. C'est la partie non matérielle (invisible) qui continue à vivre après la mort, éternellement. L'âme est envisagée comme le siège de la vie personnelle, du raisonnement, des émotions et de la volonté. Notre âme, c'est notre « vrai moi », notre personnalité qui est différente selon les individus. C'est la personne humaine avec ses caractéristiques propres.

Le péché met l'âme en grand danger de perdition. Dans Ezéchiel ch18 v4 à 20 l'Eternel dit *: « Voici, toutes les âmes sont à moi ; l'âme du fils comme l'âme du père, l'une et l'autre sont à moi ; l'âme qui pèche, c'est celle qui mourra ».*

Les convoitises charnelles font la guerre à l'âme. L'apôtre Paul nous exhorte à ce sujet : *« Bien-aimés, je vous exhorte, comme étrangers et voyageurs sur la terre, à vous abstenir des convoitises charnelles qui font la guerre à l'âme »* 1 Pierre ch2 verset 11. Le pasteur et gardien des âmes est Jésus-Christ. Dans 1 Pierre ch 2 v 25 nous pouvons lire : *« Car vous étiez comme des brebis errantes. Mais maintenant vous êtes retournés vers le berger et le gardien de vos âmes ».*

-**L'esprit** : est la partie rationnelle de l'homme, sa raison, sa volonté, sa conscience. L'esprit d'une personne est immortel. Les termes <u>esprit</u> et <u>souffle</u> sont des traductions de l'hébreu *neshama* et du grec *pneuma*, qui signifie « vent fort, souffle ou inspiration ». Le souffle est la source de vie, il anime chaque être humain. Job a dit : « *L'Esprit de Dieu m'a créé, et le souffle du Tout-Puissant m'anime* » (Job ch 33 v4), puis encore : « *S'il* (Dieu) *retirait à lui l'esprit et le souffle* » de l'homme, « *toute chair périrait soudain, et l'homme rentrerait dans la poussière* » (Job ch 34 v14-15).

Tous les hommes ont un esprit, différent de l'«esprit » ou de la vie des animaux. Dieu a créé l'homme à son image. C'est l'esprit qui régit nos pensées et nos émotions. Il peut disposer du libre arbitre.

L'Apôtre Paul a écrit : « *... qui parmi les hommes connaît les pensées de l'homme, si ce n'est l'esprit de l'homme qui est en lui ?* » (1 Corinthiens ch2 v11).

L'esprit humain a été affecté par la chute. Quand Adam a péché, sa communion avec Dieu a été brisée ; il est mort ce jour-là, non pas physiquement, mais spirituellement. Depuis, l'esprit humain subit les effets de la chute. Avant notre salut, nous sommes « morts » spirituellement. Paul déclare dans Ephésiens ch2 v 1 : « *Vous étiez morts par vos offenses et par vos péchés,dans lesquels vous marchiez autrefois, selon le train de ce monde, selon le prince de la puissance de l'air...* » et verset 4 : « *Mais Dieu, qui est riche en miséricorde, à cause du grand amour dont il nous a aimés, nous qui étions morts par nos offenses, nous a rendus vivants avec Christ (car c'est par grâce que vous êtes sauvés)* ».

Notre relation avec Christ ravive notre esprit et nous renouvelle jour après jour.

En tant qu'enfants de Dieu, nous ne sommes plus dirigés par notre esprit, mais par celui de Dieu, qui nous mène vers la vie éternelle.

Au moment de la mort physique, le corps retourne à la terre, et l'esprit à Dieu qui l'a donné, selon Ecclésiaste ch12 v9 :« *l'esprit […] retourne à Dieu qui l'a donné* »

2. La mort ou la vie pour l'éternité

La mort est une réalité, nous venons au monde (gloire au Seigneur pour la création), nous grandissons, nous vivons et un jour nous mourons. Y a-t-il une alternative à cela ? Oui, et cela fait plus de 35 ans que je l'ai réalisée et trouvée. Il y a le salut en Jésus-Christ.

Il n'y a pas d'autres possibilités et quoi que disent les religions du monde, le purgatoire n'existe pas, ni la réincarnation. Toutes les religions ne sont qu'inventions et pensées des hommes pour se donner bonne conscience. Nous ne pouvons échapper au jugement divin qui vient sur le monde. Le sablier du temps s'écoule et l'horloge est avancée. N'attendez pas qu'il soit trop tard, car notre vie est comme la fleur des champs qui paraît et qui disparaît. Ouvrez vos yeux, que vos écailles tombent et que l'Esprit de Dieu vous éclaire sur les réalités spirituelles !

Les êtres humains pour la plupart vivent comme si tout leur appartenait. Ils construisent des demeures lambrissées ; ils se marient, marient leurs enfants, et font carrière remplissant leurs comptes en banque. Ils se donnent bonne conscience tout en cherchant la paix intérieure qu'ils ne peuvent trouver car la véritable paix c'est Jésus-Christ qui la donne (Il a dit : « *Je vous laisse la paix, je vous donne ma paix* » Jean ch14 v27).

Votre corps a été créé à partir de la poussière et en tant que tel il repart à la poussière, mais comme nous l'avons vu plus haut vous avez une âme et un esprit qui est le souffle ; quand Dieu a créé l'homme à son image, il a fait le corps ensuite il a insufflé le souffle (le ruha) dans ses narines, ainsi le corps a pu prendre vie. Quand vous mourrez, ne croyez pas que cela est terminé, non, c'est votre corps qui meurt, mais votre âme et votre esprit s'élèvent vers l'éternité.

Vers quelle destinée : au ciel dans la présence de Dieu, ou dans la géhenne, lieu de perdition, de souffrance et de tourments éternels où le feu ne s'éteint pas et le ver ronge continuellement ?

a) L'enfer : le royaume de Satan

Qu'est-ce que l'enfer ? La Parole de Dieu nous parle de la géhenne, une vallée profonde, une fosse sans fin où la fournaise est ardente, un lieu où les puissances démoniaques de toutes sortes vivent. C'est dans cet endroit de ruine éternelle que sera la destinée de tous les hommes et femmes qui auront refusé d'accepter Christ comme le sauveur et rédempteur de leur vie.

La « Géhenne » représente la vallée de Hinnom à l'ouest/sud-ouest de Jérusalem. la vallée de Hinnom . C'était un lieu de cultes idolâtres car on y faisait des sacrifices d'enfants au dieu païen Moloch représenté par une statue de pierre. Par la suite cet endroit est devenu une décharge publique puante et répugnante où l'on trouve toutes sortes de détritus, carcasses d'animaux, voire des cadavres de criminels jugés indignes d'un tombeau funéraire...Des feux y brûlent continuellement afin de réduire la quantité de déchets et éviter la propagation de maladies.

Jésus-Christ a fait référence à cette vallée quand Il a parlé de l'enfer, car elle est associée à l'idolâtrie, à l'infanticide et à la condamnation par Dieu.

La géhenne, lieu de ténèbres complètes, est habitée par les démons, anges déchus qui tourmentent éternellement les damnés ; ceux-ci y subissent des douleurs intolérables à tous les niveaux de leur être. Ils ressentent des douleurs physiques sur toutes les parties de leur corps, dont des brûlures, la soif, des senteurs, des bruits, des cris, des grincements de dents...Ils sont continuellement tourmentés dans leur conscience, regrettant de ne pas avoir accepté Jésus-Christ de leur vivant, ainsi que leur vie passée sur terre loin de Dieu et de l'obéissance à Sa Parole. Leur mémoire restant intacte et ne vieillissant jamais, celle-ci leur rappelle sans fin leurs choix de vie de leur vivant, toute parole prononcée et acte commis. Ils voudront en sortir mais aucun retour ne sera plus possible, il sera TROP TARD car il n'y aura pas de deuxième chance.

La Parole de Dieu nous parle dans l'évangile de Marc ch 9 v 48 du « ver qui ne meurt point » ; cela signifie que les personnes qui seront envoyées en enfer de par leur refus d'accepter Christ comme leur sauveur seront rongées dans leurs pensées et dans leurs corps pour toute l'éternité.

« Et si ton œil est pour toi une occasion de chuter arrache-le ; mieux vaut pour toi entrer dans le royaume de Dieu n'ayant qu'un œil que d'avoir deux yeux et d'être jeté dans la géhenne, où leur ver ne meurt point, et où le feu ne s'éteint point » Marc ch9 v47-48.

Cet endroit est appelé également étang de feu et de souffre, car dans ce lieu il y a des flammes qui ne s'éteignent jamais, c'est un feu éternel. Ceux qui sont conduits en enfer ressentent sur leur corps l'action de ces flammes, éternellement.

Il faut vraiment faire le bon choix car cela n'est pas une histoire mais la réalité, c'est le temps de se réveiller et de prendre conscience des réalités divines !

Le plus grand mensonge du diable est de faire croire qu'il n'existe pas.

Sa stratégie est de tromper les humains : il leur fait croire qu'il n'existe pas, que tous iront au paradis, ou au purgatoire (pour être sauvés par la suite), que Dieu dans sa bonté ne punit pas ….

En réalité Dieu veut que TOUS soient sauvés, mais pour ceux qui refusent, qui ne veulent pas de Sa présence glorieuse, il y a le châtiment éternel, en enfer avec Satan. Dans Apocalypse ch 21 verset 8 nous lisons : *« Mais pour les lâches, les incrédules, les abominables, les meurtriers, les débauchés, les magiciens, les idolâtres et tous les menteurs, leur part sera dans l'étang ardent de feu et de soufre, ce qui est la seconde mort »*.

Et dans Apocalypse ch 22 v14-15 : *« Heureux ceux qui lavent leur robe, afin d'avoir droit à l'arbre de vie, et d'entrer par les portes dans la ville ! Dehors les chiens, les magiciens, les débauchés, les meurtriers, les idolâtres, et quiconque aime et pratique le mensonge ! »*

Puis dans Matthieu ch 7 v13 :

« Entrez par la porte étroite. Car large est la porte, spacieux est le chemin qui mènent à la perdition, et il y en a beaucoup qui

entrent par là. Mais étroite est la porte, resserré le chemin qui mènent à la vie, et il y en a peu qui les trouvent ».

S'il vous plaît une fois de plus je vous invite à choisir Christ comme votre sauveur, Il est le seul à avoir versé son sang pour votre salut. Ne prenez pas le risque d'aller en enfer, entendez l'appel du Seigneur dans ce message !

Mon appel est de prêcher la bonne nouvelle du salut en Jésus - Christ, vous donner la possibilité d'entrer dans ce salut ; mais <u>le choix vous appartient</u>, c'est à vous de choisir votre destinée. Alors s'il vous plaît prenez conscience de cette réalité. Les religions du monde aveuglent les populations. Le purgatoire n'existe pas, il n'y a qu'un seul intermédiaire entre les hommes et Dieu : c'est Jésus-Christ et non Marie ou les saints. La prière pour les morts est également une abomination devant Dieu.

Ouvrez vos yeux et regardez vers le Seigneur, pas besoin de chapelet, pas besoin de bougie, pas besoin de statues ou de dogmes quelconques, non ! Ouvrez vos cœurs simplement, reconnaissez que vous êtes perdus et appelez à votre secours, Il se révélera à vous et mettra dans vos cœurs l'assurance de votre salut.

b) Le ciel : le royaume de Dieu

Dieu offre le salut à l'humanité, par amour, afin qu'aucun ne périsse. Il a envoyé Jésus-Christ sur terre afin qu'il soit crucifié à notre place, pour le pardon de nos péchés. Ainsi, le ciel nous est ouvert.

Dans Jean ch3 v16-17 nous pouvons lire : *« Car Dieu a tant aimé le monde qu'Il a donné son fils unique afin que quiconque croit en Lui ne périsse point, mais qu'il ait la vie éternelle. Dieu, en effet, n'a pas envoyé son Fils dans le monde pour qu'Il juge le monde, mais pour que le monde soit sauvé par Lui »*.

Puis dans 1 Jean ch4 v9-10 :*« L'amour de Dieu a été manifesté envers nous en ce que Dieu a envoyé son Fils unique dans le monde, afin que nous vivions par Lui. Et cet amour consiste, non point en ce que nous avons aimé Dieu, mais en ce qu'Il nous a aimés et a envoyé son Fils comme victime expiatoire pour nos péchés »*.

Quand vous levez les yeux vers le ciel, que voyez-vous ? Vous voyez le ciel bleu, gris ou nuageux ; bien sûr cela est du concret, mais arrivez-vous à voir au-delà ?

 Jésus a dit:

« Il y a plusieurs demeures dans la maison de mon Père. Si cela n'était pas, je vous l'aurais dit. Je vais vous préparer une place. Et, lorsque je m'en serai allé, et que je vous aurai préparé une place, je reviendrai, et je vous prendrai avec moi, afin que là où je suis vous y soyez aussi » Jean ch14 v2-3.

Et concernant la vie éternelle : *« ...Celui qui croit en moi vivra, même s'il meurt ; et quiconque vit et croit en moi ne mourra jamais »* Jean ch11 v25-26.

A partir de l'instant où vous allez reconnaître Jésus-Christ comme votre Sauveur, vous reconnaissez que vous êtes pécheurs et que vous avez besoin de Lui, à partir de cet instant même votre nom sera inscrit dans le livre de vie.

Le Royaume de Dieu est d'origine céleste et divine, dans laquelle règnent l'amour et la vérité, la paix et la joie, principes de la vraie vie. C'est par la naissance d'En Haut que Jésus y convie ceux qui s'offrent à cette régénération par leur repentir et leur foi.

Voici quelques versets de la bible qui mentionnent le ciel, le Royaume des Cieux :

Jésus a dit : « *Mon royaume n'est pas de ce monde* », et : « *Si un homme ne naît de nouveau, il ne peut voir le Royaume de Dieu* » Jean ch3 v3.

La Parole de Dieu dit qu'à un signal donné, au son de la trompette et à la voix de l'archange le Seigneur descendra du ciel et premièrement tous les morts en Christ se lèveront de leurs tombes et monteront à la rencontre du Seigneur, ensuite nous les vivants sur terre (ceux qui ont donné leur vie à christ) monterons également vers le ciel à la rencontre du Seigneur dans les airs pour être avec Lui pour toujours (I Thessaloniciens ch4 v16-17).

Dans Apocalypse ch4 v2 Jean a une révélation du ciel :

« *Aussitôt je fus ravi en esprit. Et voici, il y avait un trône dans le ciel, et sur ce trône quelqu'un était assis* ».

Au ch7 v 9-10 *: « Après cela, je regardai, et voici, il y avait une grande foule, que personne ne pouvait compter, de toute nation, de toute tribu, de tout peuple, et de toute langue. Ils se tenaient devant le trône et devant l'agneau, revêtus de robes blanches, et des palmes dans leurs mains. Et ils criaient d'une voix forte, en disant : Le salut est à notre Dieu qui est assis sur le trône, et à l'Agneau* ».

Dans la nouvelle Jérusalem, l'Apôtre Jean a vu un fleuve qui coulait « du trône de Dieu et de l'Agneau ».

« *Que celui qui a soif vienne ! Que celui qui veut de l'eau de la vie la prenne gratuitement !* » Apocalypse ch 22 v17.

Dans le Royaume du Père il n'y aura ni pleurs, ni souffrance, mais l'amour, la Paix, la Joie, le Bonheur éternels.

Attention il y a un programme extraordinaire préparé d'avance par le Seigneur, ne vous y trompez pas, on ne va pas s'ennuyer ! Nous aurons des temps et des moments extraordinaires, la présence de Dieu est quelque chose de magnifique ! Nous vivrons éternellement dans Sa présence, avec les anges, les apôtres et tous ceux et celles qui ont accepté Christ.

Ce que je veux dire, c'est que si vous voulez être participant de ce programme il vous faut avoir accepté Christ dans votre vie, sans cela votre destinée sera l'enfer éternel, l'éternité dans les douleurs et les souffrances.

Le purgatoire n'existe pas, cela reste une pure invention des religions pour se donner bonne conscience.

Le Seigneur a dit : « *Il est réservé à l'être humain de mourir une seule fois* » (Hébreux Ch9 v27).

C'est à vous de décider, je vous en préviens.

III. Recevoir le salut en Jésus-Christ

1. Comment puis-je faire pour être sauvé ?

a) Jésus est mort pour les péchés de l'humanité

J'aimerais vous rappeler une citation biblique très importante qui se trouve dans l'Evangile de Jean chapitre 3 verset 16 :

« Car Dieu a tant aimé le monde (vous) qu'Il a donné son fils unique à la croix (sacrifice vivant), afin que quiconque (vous personnellement) croit en Lui ne périsse point mais qu'il ait la vie éternelle. »

Jésus-Christ n'a pas été envoyé pour bâtir des cathédrales (d'ailleurs toutes pierres passeront, il ne restera pas pierre sur pierre). Il n'a pas non plus été envoyé pour construire des religions, non!

Il est venu et a donné sa vie en sacrifice au mont du Calvaire au Golgotha (à l'extérieur de la ville de Jérusalem) pour nous ouvrir les portes de l'éternité, pour nous permettre d'entrer dans la vie éternelle.

Jésus-Christ n'a pas été crucifié dans une cathédrale entre deux cierges ou dans un bâtiment quelconque, il a été crucifié sur une petite montagne, qui s'appelait le Mont Golgotha. Sur ce mont on y sacrifiait les brigands et toutes personnes qui étaient condamnées à mort, c'est une des raisons pour laquelle Il a été sacrifié entre deux brigands, l'un à sa droite et l'autre à sa gauche. Cloué sur le bois aux mains et aux pieds, il a souffert jusqu'à l'agonie pour nos péchés, à notre place.

Nous devons bien comprendre le sacrifice de la croix. Cette réalité était dans les desseins du Père, car aucun sang animal, ou même humain n'était suffisant pour le pardon des péchés de l'humanité ; il fallait que Dieu lui-même vienne en Jésus-Christ pour accomplir cela.

Quant Jésus-Christ a été cloué sur le bois, à ce moment précis tous les manquements, les souffrances et les maladies, les péchés de quiconque reposaient sur ses épaules.

Comme l'a déclaré le prophète Esaïe, Il a pris sur lui nous ce que nous étions, mené à la boucherie comme un agneau et c'est par ses meurtrissures que nous sommes guéris.

Le sacrifice de Jésus-Christ nous ouvre la porte du salut, de la délivrance et de la guérison. Non seulement et je veux le rappeler Il a donné sa vie pour nous, pour notre salut, notre pardon, notre délivrance, notre guérison, mais Il est également ressuscité d'entre les morts. A la croix Il a vaincu les puissances et les dominations, Il a vaincu la mort et son pouvoir, une des raisons pour laquelle la porte de l'éternité nous est ouverte.

Ainsi Il est ressuscité trois jours après sa crucifixion, ayant vaincu la mort ; celle-ci a été engloutie par la vie, la victoire sur le péché a été acquise.

Le sacrifice de la croix possède une puissance incroyable, inimaginable à l'esprit humain. Tant que nous ne sommes pas nés de nouveau, nous ne pouvons comprendre cela ; ce n'est que par la révélation qui nous est donnée par le Saint-Esprit.

A la croix, lors de son sacrifice, Il a exprimé ces dernières paroles : « *Tout est accompli* » Jean ch19v30. Alors le voile du temple s'est déchiré en deux, les puissances des ténèbres ont recouvert la terre pendant quelques heures. Satan a cru quelques instants avoir gagné la guerre, mais gloire soit rendue à Dieu, Il est ressuscité et vit éternellement, son pouvoir n'a pas de limite. Lui-même est allé prêcher dans le séjour des morts, car il fallait que tous depuis le premier Adam entendent cette bonne nouvelle de l'Evangile qui serait par la suite prêchée par l'Eglise (corps de Christ) dans toutes les nations du monde et cela jusqu'aux extrémités de la terre.

Mes amis c'est en allant à la croix, que l'on entre dans l'éternité, c'est par le sacrifice de la croix que vous pouvez être sauvé, racheté de la vieille manière de vivre, c'est à la croix que vous êtes pardonnés. Venez au pied de la croix expérimenter son amour et sa grâce à votre égard.

En réalité notre salut a été acquis par Jésus-Christ au prix de son sang versé pour nous.

Dieu est venu en Jésus-Christ sur la croix, afin de nous racheter au prix de son sang.

Le sang de Jésus n'est pas n'importe quel sang, c'est le sang divin. C'est parce que ce sang a coulé que nous avons la libre entrée dans l'éternité. Le sang de Jésus-Christ nous lave de tous nos péchés, de toutes injustices et de tous nos maux. Voyez-vous, un sang humain n'aurait pas suffit. Dans l'ancienne alliance, nous voyons que pour le pardon des péchés il fallait verser le sang animal, mais ce sang ne pouvait être suffisant car pour absoudre les péchés de l'humanité il fallait du divin et non de l'humain. *« Car tous sont pécheurs et donc privés de la gloire de Dieu »* (Romains ch3 v23) et en tant que tels condamnés à une mort éternelle.

Qu'est -ce-que le péché ? Le mot péché vient du mot rata, qui veut dire manquer le but, passer à côté de l'essentiel. Le péché qui va vous conduire à la mort éternelle, c'est celui-ci, c'est le fait de refuser le sacrifice de Jésus-Christ pour vous. Il n'est pas monté sur la croix pour s'amuser, et faire parler de lui, il n'est pas monté sur la croix par plaisir, ou pour des cathédrales ou quelques religions, non, il est monté et a été sacrifié sur le bois infâme pour votre salut, votre rédemption et votre guérison, alléluia ! Il est la véritable réponse à toutes nos questions. Il est, Il était et Il sera. Vous ne pouvez vous-même vous absoudre de vos péchés. Demandez pardon à Dieu par Jésus-Christ, pour vos péchés passés, présents et à venir et recherchez le Seigneur en regardant en avant.

Jésus dira à la femme adultère, alors que tous la condamnaient et voulaient la lapider : *« va et ne pèche plus »* (Jean ch8 v11).

Laissez derrière vous vos abominations, votre mauvaise vie, vos mauvaises mœurs, et sanctifiez-vous dans le Seigneur en le cherchant de tout votre cœur.

Se repentir veut dire faire demi-tour, changer de vie, demander pardon au Seigneur pour votre vie passée ; vous ne pourrez plus revenir en arrière, ce qui est passé est passé.

Gloire à Dieu, Dieu est venu en Jésus-Christ, naissant sur la terre des hommes, grandissant, exerçant son ministère, en enseignant, prêchant et guérissant toutes maladies et infirmités. Il est venu pour accomplir sa destinée, donner sa vie pour notre vie, en avez-vous conscience ? A cause du Sang de Jésus - Christ vous avez non seulement la possibilité d'être pardonnés de tous vos péchés d'hier, présents et à venir, mais vous avez également la possibilité de devenir héritiers pour la vie éternelle.

Dans Jean ch1 v12 nous pouvons lire : » ... *A tous ceux qui l'ont reçue (la Parole de Dieu), à ceux qui croient en son nom, elle a donné le pouvoir de devenir enfants de Dieu...* »

C'est votre choix, c'est vous qui décidez, qu'allez-vous faire ? Quelle sera votre décision ?

Aujourd'hui Jésus-Christ vit pour l'éternité. Il veut vous parler, Il désire vous entendre. Pas besoin de chercher ailleurs. Il a déclaré : « *Je suis le chemin, la vérité et la vie* » Jean ch14 v6. Il vous suffit de l'accepter tels que vous êtes. Qu'allez- vous faire ? Qu'allez- vous choisir ? C'est votre choix, votre décision. Votre destinée vous appartient, vous seuls pouvez décider. La porte est ouverte, le sacrifice a été accompli une fois pour toutes. Il est la résurrection et la vie, l'étoile brillante du matin, le fidèle et véritable, le bon berger, Il est le grand « Je Suis ».

Sa mort et sa résurrection ont vaincu toutes choses, son sacrifice n'est pas vain, gloire à Dieu ! Je peux me réjouir quelque soient mes problèmes et mes difficultés, car je sais où je vais même après la mort.

Et vous chers lecteurs connaissez-vous votre destinée, êtes-vous prêt à Le rencontrer ? N'attendez pas qu'il soit trop tard, car il est réservé à l'être humain de mourir une seule fois. Qu'allez-vous faire ? C'est votre choix, votre décision.

Faites le bon choix, choisissez de suivre Jésus-Christ !

b) Prière pour être sauvé (e)

Vous pouvez là où vous êtes recevoir votre salut. Voici comment : il suffit de vous ouvrir à lui, Il désire avoir un entretien avec vous. Il désire vous donner sa paix, la véritable. *Il a dit : « je vous laisse la paix, je vous donne ma paix. Je ne vous donne pas comme le monde donne. Que votre cœur ne se trouble point, et ne s'alarme point »* (Jean ch14 v27).

Il désire mettre au plus profond de vous cette assurance de votre salut.

La vie sur la terre n'est qu'un passage et une notion de temps comparée à l'éternité.

La Bible déclare : « *Il est réservé à l'homme de mourir une seule fois, après quoi vient le jugement* » Hébreux ch9 v27.

Nous avons besoin d'être sauvés, car nous sommes perdus ; « *il n'y a pas un juste, pas même un seul* » pouvons-nous lire dans Romains ch3v10.

« *Aujourd'hui, si vous entendez sa voix, n'endurcissez pas vos cœurs* » (Hébreux ch4 v7), mais tournez- vous vers le Seigneur.

Pendant que le jour est encore (encore un peu de temps et la nuit vient), tournez- vous vers le Seigneur, ayez une rencontre avec Lui.

Dites- lui (prière sincère, parlée de tout votre cœur) :

« Seigneur Jésus, toi qui as fait les cieux et la terre, toi qui m'a créé à ton image, toi qui connais toute chose, ouvre mes yeux sur les réalités spirituelles. Je ne veux pas mourir Seigneur, je ne veux pas aller en enfer, je veux vivre.

Je te demande pardon pour tous mes péchés, passés et présents. Je reconnais que je suis pécheur devant toi et je me repens.

Je crois que tu es mort pour moi à la croix et que ton sang versé pour moi me lave de tous mes péchés. Je t'accepte comme mon sauveur personnel et reçois maintenant ta vie éternelle.

Prends ma vie entière entre tes mains, je te la donne et veux te suivre. Apprends-moi de toi et conduis- moi Seigneur ». Amen.

Puis remerciez Dieu le Père en vos propres termes. Donnez- - Lui la gloire. Remerciez-le pour Jésus, pour le pardon de vos péchés et pour votre vie éternelle avec Lui.

Voyez-vous, il suffit simplement de vous ouvrir à Lui, le Seigneur n'a que faire de la récitation liturgique, soyez ce que vous êtes, vous-mêmes. Prier veut dire parler avec Dieu, alors parlez avec Lui, entretenez-vous avec le Seigneur. Dites-Lui tout, de toute façon Il connaît tout de vous, n'oubliez pas qu'Il est Dieu !

Votre salut est important, il est important pour vous et pour Lui car Il vous aime.

Dans le livre des actes des apôtres, il nous est dit que le geôlier de la prison où se trouvaient Paul et Silas s'est jeté à leurs pieds en leur demandant : *« Que faut-il que je fasse pour être sauvé ? »* Les apôtres lui répondirent : *« Crois au Seigneur Jésus, et tu seras sauvé, toi et ta famille »* Actes ch16 v31. Le geôlier ainsi que toute sa famille crurent en la Parole du Seigneur et furent sauvés, gloire à Dieu !

Jésus-Christ a déclaré : *« En vérité, en vérité, je vous le dis, celui qui écoute ma parole, et qui croit à celui qui m'a envoyé, a la vie éternelle et ne vient point en jugement, mais il est passé de la mort à la vie ».* Jean ch5 v24.

« Or, la vie éternelle, c'est qu'ils te connaissent, toi, le seul vrai Dieu, et celui que tu as envoyé, Jésus-Christ ». Jean ch17 v3 L'apôtre Jean l'exprime simplement dans 1 Jean ch5 v11-12 : *« Dieu nous a donné la vie éternelle, et cette vie est dans son Fils. Celui qui a le Fils a la vie, celui qui n'a pas le Fils de Dieu n'a pas la vie ».*

Ne prenez pas le risque de passer à côté de l'essentiel !

2.   La nouvelle naissance

Naître de nouveau, quelle expérience !

Une fois que vous décidez de vous repentir et décider de suivre Christ, quelque chose de nouveau va se passer en vous, vous allez naître de nouveau. Naître d'eau et d'esprit, qu'est-ce que cela veut dire ? Un changement de vie, quelque chose se passe à l'intérieur de vous, une expérience surnaturelle que la personne du Saint-Esprit va opérer au-dedans de vous et c'est le commencement d'une nouvelle vie.

Jésus-Christ dit un soir dans la nuit à Nicodème (chef religieux et membre influent d'un parti politique) : « Nicodème, tu dois naître de nouveau, tu dois naître d'eau et d'Esprit ». Nicodème répondit au Seigneur : « *Puis-je retourner dans le sein de ma mère et revivre ? *». Jésus répondit :« *En vérité, en vérité, je te le dis, ,si un homme ne naît d'eau et d'Esprit, il ne peut entrer dans le royaume de Dieu* » *(Jean ch3 v1 à 21).*

Voici ce que cela veut dire :

<u>Naître d'eau</u> : Dans la bible l'eau représente la Parole, la vie, la sanctification. Jésus va dire à Nicodème : « tu dois naître de nouveau, Nicodème il faut que tu sois lavé par l'eau de ma parole, Nicodème tu as besoin de révélation, Nicodème tu te dois d'être baptisé d'eau par immersion ». Le baptême par immersion est le symbole du passage de la mort à la vie. J'attire votre attention chers lecteurs que Jésus lui-même a été obéissant au baptême par immersion, le baptême que vous faites subir à vos enfants (bébés) n'a aucune valeur devant le seigneur. Donc nous devons naître d'eau, être lavé par la parole de Dieu et être baptisé par immersion, selon l'enseignement du Seigneur.

Jésus dira aussi à Nicodème : « tu dois naître d'Esprit »

<u>Naître de l'Esprit</u> : vous ne pouvez de vous-même être amené dans cette expérience glorieuse et surnaturelle. Ecoutez bien, c'est la troisième personne de la trinité, le Saint Esprit, qui va opérer cela en vous ; la seule chose que vous ayez à faire est d'avoir une bonne disposition de cœur.

Ouvrez-vous devant le Seigneur, Il saura vous visiter et vous donner de vivre cette expérience extraordinaire, naître de l'esprit. Vos yeux s'ouvrent sur la réalité spirituelle, vous voyez et vous savez que Christ est vivant. Ce n'est pas de l'émotionnel ou du raisonnement humain, c'est une expérience qui vient du ciel et qui jour après jour va grandir en vous.

IV. Recevoir le Saint Esprit

Tout comme l'esprit humain a été divinement insufflé au premier homme, le Saint-Esprit a été insufflé aux premiers disciples : « Après ces paroles, [Jésus] souffla sur eux et leur dit : « Recevez le Saint-Esprit ! » (Jean ch20 v22, Actes ch2 v38). Adam a reçu la vie par le souffle de Dieu ; de même nous, en tant que « nouvelles créatures » en Christ, recevons la vie spirituelle par le « souffle de Dieu », le Saint-Esprit (2 Corinthiens ch5 v17, Jean ch3 v3, Romains ch6 v4).

Quand nous acceptons Jésus-Christ, le Saint-Esprit de Dieu se joint à notre esprit d'une manière incompréhensible pour nous. L'Apôtre Jean a écrit : « *Nous reconnaissons que nous demeurons en lui et qu'il demeure en nous au fait qu'il nous a donné de son Esprit* » (1 Jean 4.13)

Quand nous laissons l'Esprit de Dieu diriger nos vies, « *l'Esprit lui-même rend témoignage à notre esprit que nous sommes enfants de Dieu* » (Romains ch8 v16).

1.   Le baptême dans le Saint Esprit

Dans le livre des Actes des Apôtres au chapitre 2, le Seigneur va demander aux disciples de l'époque d'attendre un moment, d'attendre l'effusion de l'Esprit.

La parole de Dieu nous enseigne qu'Ils étaient tous rassemblés en un même lieu, quand tout à coup un bruit venant du ciel et des langues semblables à des langues de feu se posèrent sur chacun d'eux. Ils furent tous remplis du Saint Esprit, avec la manifestation des langues, selon ce que l'Esprit leur a donné de s'exprimer.

Être baptisé du Saint-Esprit est très important, le baptême du Saint Esprit est la porte d'entrée dans le Seigneur.

C'est lui qui va vous convaincre de péché, c'est encore lui qui va vous conduire dans la vérité et c'est encore lui qui va vous édifier et vous donner de grandir en maturité.

Il va vous transformer, ouvrir vos yeux et vos oreilles, afin que vous voyiez et que vous entendiez. Je dirai que le baptême du Saint Esprit est comme le sceau du Seigneur sur votre vie.

N'ayez pas peur du Saint Esprit, c'est une personne sensible, ouverte, très compétente, possédant tous les attributs du Seigneur.

C'est lui qui va vous former, vous équiper et vous envoyer dans la moisson et dans la vigne. Apprenez à travailler avec lui, car en lui il y a les dons pour opérer dans le Seigneur. Il saura remplir votre bouche, mais il fera une chose importante dans votre vie, Il va vous révéler de manière profonde l'existence et la réalité de Jésus-Christ.

Quant au parler en langues, il est important de le faire, car quand vous parlez en langues, vous parlez à Dieu ; même si vous ne comprenez pas, cela édifie votre être intérieur. Cela vous construit et vous verrez avec le temps, l'utilité de parler en d'autres langues.

Les langues pour mon édification intérieure, les langues dans le combat spirituel, les langues dans la louange, les langues dans le ministère, les langues dans les dons spirituels, les langues avec les anges, les langues dans la guérison. Il y a tant de profondeur, ne vous privez pas de ce que le Seigneur veut vous donner et recevez le Saint Esprit avec la manifestation des langues.

A ce sujet Dieu le Père a parlé par le prophète Joël, et a dit que dans les derniers temps Il répandra son Esprit sur toute chair. Laissez-vous remplir par le Seigneur, ne vous privez pas de chanter et louer, ainsi que de prier en langues ! Laissez le Saint Esprit travailler au-dedans de vous, laissez-le travailler avec vous !

2.   Prière pour recevoir le Saint Esprit

« Père, je prie maintenant au nom de Jésus-Christ, pour tous ceux et celles qui veulent être baptisés dans le Saint-Esprit avec la manifestation des langues ».

Alors que vos yeux sont fermés, vos pensées tournées vers le Seigneur, je m'adresse en tant qu'évangéliste à chacun de vous et je vous dis :

« Recevez le Saint-Esprit et manifestez sa présence en parlant de nouvelles langues.

Recevez-le maintenant au Nom de Jésus Christ ».

Laissez l'Esprit-Saint vous animer et parler de nouvelles langues (selon Actes ch2).

Je reste à votre disposition pour prier avec vous afin que vous receviez le baptême du Saint Esprit, qui vous permettra de naître de nouveau.

Depuis la Pentecôte le Saint-Esprit est répandu sur tous les croyants en tout cas ceux qui le désirent, et étant remplis de l'esprit ceux-ci ont la puissance pour renvoyer libres les opprimés et de guérir les malades.

V. La guérison divine

1. Jésus guérit encore aujourd'hui

Tant de malades, tant de souffrances, tant de misère et pourtant il existe une solution !

Toutes sortes de maladies touchent nos corps physiques (cancer, tumeurs, virus, paralysie, sida, maladie mentale et autres), les hôpitaux sont remplis et se remplissent sans cesse et pourtant, il existe une solution !

Je ne remets pas en cause la médecine, le domaine scientifique, mais comme m'a dit un jour un célèbre chirurgien de l'hôpital Necker de Paris : « nous les médecins nous soignons les gens, mais c'est Jésus-Christ qui guérit ».

Par l'exercice du ministère dans les nations du monde, j'ai vu la souffrance et la misère, mais j'ai également vu et expérimenté la grâce de Dieu à l'égard des humains. J'ai vu et vécu de multiples guérisons tant sur le plan physique que mental.

Oui ! Je veux vous l'affirmer haut et fort, aujourd'hui encore Jésus Christ guérit les malades et transforme les vies.

Qu'allez-vous faire : rester avec vos souffrances, rester dans votre misère ? Qu'allez-vous faire ?

Il vous est possible, alors que vous lisez ces quelques lignes, de trouver votre guérison. Oui, cela est possible, car Dieu est amour et Il a envoyé son propre fils (Jésus) pour sauver, mais aussi pour vous guérir.

Il a porté à la croix tous vos besoins et toutes vos maladies et c'est par ses meurtrissures que vous trouverez votre guérison. « *Mais Il était blessé pour nos péchés, brisé pour nos iniquités ; le châtiment qui nous donne la paix est tombé sur Lui, et c'est par Ses meurtrissures que nous sommes guéris »*. Esaïe ch53 v5

Il est la vie, la bonté et la miséricorde. Durant l'exercice de son ministère sur la terre, il a passé plus de 80% de son temps à guérir les malades. Il se plaît à le faire et veut le faire dans votre vie.

Aujourd'hui Christ est assis à la droite du Père. Il a donné l'Esprit à son Eglise (son corps sur la terre) et cette église a la puissance sur elle pour pouvoir guérir les malades.

Non seulement je reste à votre disposition pour l'exercice de l'imposition des mains   (selon : *« ils imposeront les mains aux malades, et les malades seront guéris »* Marc ch16 v18) sur votre vie, mais je désire maintenant vous amener dans une prière de guérison. Répétez simplement ces paroles après moi :

> **« Père, je viens maintenant devant toi, au nom de Jésus-Christ ton fils.**
>
> **Je m'approche de toi, tel que je suis et je te demande pardon pour mes fautes. Je me reconnais comme pécheur et me repens devant toi.**
>
> **Maintenant je viens devant toi, tel que je suis. Tu me connais Seigneur, tu connais mes maladies et mes souffrances.**
>
> **Père au nom de Jésus, merci pour ma guérison et ma délivrance. J'ordonne à la maladie de quitter mon corps, maintenant au nom de Jésus-Christ.**
>
> **Seigneur Jésus, je proclame en Ton nom que c'est par tes meurtrissures que je suis guéri.**

> *Je me lève dans la foi et dans le miracle, je crois en ma guérison, merci Seigneur. »*

Maintenant exercez votre foi, faites ce que vous ne pouviez pas faire avant, bougez vos membres, ouvrez vos yeux et vos oreilles et proclamez votre guérison !

2. Conseils pratiques

En ce qui concerne la guérison divine, la guérison de votre corps, il faut comprendre que toutes les maladies ne viennent pas de Dieu. Bien au contraire le Seigneur nous veut en pleine santé, c'est le péché qui a permis à la maladie d'entrer dans le monde, donc dans nos vies. Nous remercions le Seigneur qui donne l'intelligence et le savoir à des hommes et femmes, des chercheurs, des médecins, des chirurgiens et autres professionnels de santé (médicaux et paramédicaux) qui ont pour objectif de nous soigner, néanmoins comme me l'a dit un célèbre chirurgien, nous soignons les gens, mais c'est Dieu qui guérit.

Je veux rappeler une fois de plus que Jésus-Christ durant son ministère a passé une grande partie de son temps à guérir les malades ; alors ayez confiance dans le Seigneur, il veut aussi vous guérir.

Quel que soit votre maladie (cancer, tumeur, sida ou autres), Jésus-Christ a payé le prix et par ses meurtrissures vous êtes guéri.

Aujourd'hui de notre temps et cela depuis la Pentecôte le Saint-Esprit a été répandu sur les croyants, faisant d'eux des témoins et des ambassadeurs de l'Evangile. C'est la raison pour laquelle un croyant né de nouveau et rempli du Saint-Esprit peut imposer les mains sur les malades en chassant et en brisant la maladie de leur vie.

Je veux vous donner ci-dessous un enseignement sur comment lever un paralytique, comment ouvrir les yeux d'un aveugle et comment faire entendre un sourd.

a) Le paralytique

Quand vous êtes face à un paralytique, vous savez que vous êtes rempli de l'Esprit et que dans la puissance de l'Esprit il y a les dons de l'Esprit.

Alors regardez le paralytique et apprenez à discerner quel est l'esprit qui l'enchaîne. Prenez-le par la main droite, lui soufflant dans son oreille le souffle divin, posez vos mains sur la colonne et sur ses jambes, puis chassez l'esprit de paralysie dans le calme et la confiance. Rien de sert de crier, la puissance n'est pas dans l'intonation de la voix, mais dans le calme et la confiance au Seigneur. Ensuite avec foi prenez-le par sa main droite et dites : « lève-toi maintenant au nom de Jésus ! », entraînez-le avec vous et faites-le marcher et courir dans le Seigneur.

b) L'aveugle

Face à l'aveugle, mettez vos mains sur ses yeux (« ils imposeront les mains sur les malades, et les malades seront guéris » Marc ch16 v18). Souvent quand je prêche et que l'onction est sur moi, quand je prie pour les aveugles, je m'essuie le front avec un chiffon, et je le pose sur les yeux de l'aveugle, brisant l'esprit de cécité et ordonnant aux yeux de s'ouvrir.

Ensuite je marche à reculons en demandant à la personne de compter mes doigts et gloire à Dieu la guérison s'est produite ! Je l'ai expérimenté et vécu des centaines de fois. En Côte d'Ivoire les aveugles faisaient la queue lors de la prière et les uns après les autres retrouvaient la vue, quelle puissance et quelle gloire !

c) Le sourd

Face au sourd, je mets un mes doigts dans chaque oreille, et en faisant cela j'ordonne à l'esprit de surdité de sortir de ce corps. Je parle aux oreilles et je leur ordonne de s'ouvrir, des fois je tape sur les deux oreilles et le miracle se produit. Et là je parle dans les oreilles du sourd, lui demandant : « tu m'entends ? », puis je marche à reculons en lui disant sans cesse : « tu m'entends ? » et gloire à Dieu, il entend !

Dans tous les cas après la prière de guérison je demande aux personnes concernées de rendre gloire à Dieu et de remercier le Seigneur.

Concernant toutes les maladies, paralysie ou autres, nous devons apprendre à nous laisser conduire par le Saint-Esprit et travailler avec les dons spirituels.

Arrêtez de demander au Seigneur de guérir les malades, mais vous guérissez-les au Nom de Jésus-Christ selon l'Evangile de Matthieu ch10 v8 : « Allez guérissez les malades, ressuscitez les morts, purifiez les lépreux, chassez les démons. ».

Notre ministère, notre expérience dans la moisson, font que nous voyons lors de nos campagnes beaucoup de miracles et de prodiges.

Nous restons à votre disposition pour vous rencontrer tant sur le plan individuel que sur le plan de vos assemblées. Notre onction dans le ministère est pour le corps de Christ et les nations du monde.

d) Les maladies mentales

Les maladies mentales sont souvent issues de problèmes générationnels et très souvent démoniaques. Que ce soit en France, en Europe ou dans le monde, la place de l'occultisme est très importante, de manière visible ou cachée. Néanmoins un homme ou une femme appelée par le Seigneur et rempli du Saint-Esprit a cette capacité en Christ de libérer les personnes qui se trouvent dans ces chaînes.

J'attire votre attention d'être sage et ne pas vous précipiter pour l'imposition des mains. Mon expérience à ce sujet est concrète et réelle, je pourrais vous raconter des histoires vécues que vous ne croirez pas, tellement cela peut nous dépasser.

Jésus-Christ a passé une grande partie de son ministère à prier pour les malades, également pour les lunatiques, les dépressifs de l'époque et ceux et celles qui étaient sous l'emprise de Satan.

J'aimerais dire aux parents qui ont des enfants dans ces situations, qu'il y a une solution, elle est en Jésus-Christ.

Un des grands obstacles est le fait que l'on vous a présenté la personne de Jésus- Christ sous des influences religieuses, mais Christ n'a rien à voir avec les religions du monde, Il est venu pour vous sauver, vous guérir et vous libérer de tous vos maux et quelque soit le problème.

Lors de mes voyages missionnaires dans les nations, j'ai pu expérimenter, entendre et voir la puissance du Seigneur à l'œuvre face aux puissances des ténèbres.

Donc concrètement souvent quand je prie pour les malades et quel que soit la maladie, je m'adresse à elle, ou à l'esprit qui est derrière cette maladie et en priant de telle manière nous voyons des résultats extraordinaires.

Croyez en Dieu, croyez en Jésus-Christ vous ne serez pas déçu(es) !

VI. L'importance de lire la Parole de Dieu

1. Présentation de la bible

Un jour, avant de mourir, un homme a demandé à son fils : « fils, donne-moi le Livre ». Le fils répondit au père : « Père, de quel livre parles-tu ? Il y en a tant dans ta bibliothèque ! Le père lui répondit : « il n'y a qu'un livre que l'on peut appeler le Livre, c'est la Parole de Dieu (la bible) ».

La bible est composée de 66 livres repartis en 2 parties : l'ancien et le nouveau testament. Je vous conseille en premier lieu de lire le nouveau testament, cela vous parle de la venue du Sauveur, son message, sa vocation, ainsi que le pourquoi et le comment de sa venue.

Vous y trouverez également les enseignements sur l'Eglise corps de Christ, la manière de vivre et de se comporter dans le Seigneur, la mission, mais aussi l'apocalypse, ce qui doit arriver.

2. La Parole révélée

Il est important de plonger ses regards dans la bible, Parole de Dieu qui édifie et construit notre être intérieur. Au début ce n'est pas évident, mais va venir le temps où quand vous serez en train de lire, chaque verset vous parlera ; ce sera pour vous comme une révélation. Pourquoi votre lecture sera-telle comme une révélation ? Car la Parole de Dieu est vivante ! Jésus-Christ est la parole faite chair, c'est lui, c'est sa vie, son existence.

Donc lisez et prenez du temps avec le Seigneur. Tout est écrit, tout ce dont nous avons besoin de savoir et de connaître se trouve dans le Livre de la vie, la parole de Dieu.

Nous y trouvons toutes les révélations divines sur notre passé, notre présent et notre avenir : d'où nous venons, notre histoire de vie, ce que nous sommes et ce que nous faisons aujourd'hui, et dans les temps à venir là où nous allons, l'heure de notre départ, notre éternité.

Soyez certains que tout ce qui est écrit dans la Parole trouve son accomplissement, car que nous le voulions ou non, Dieu reste Dieu.

Je vous encourage à lire la bible, à plonger vos regards dans ses profondeurs, cherchez le Seigneur et Il se révélera à vous !

Ayez confiance, Il est le chemin, la vérité et la vie.

VII. La prière ointe

1. La prière sous l'onction

La prière sous l'onction a une grande efficacité !

Prier ce n'est pas réciter quelque chose, prier c'est parler au Seigneur. Ne compliquez pas les choses, parlez avec des mots qui sortent de votre cœur, soyez vous-même, ne trichez pas devant lui.

Nous voyons dans l'évangile la prière avec les points de contact.

Différents points de contact y sont cités, comme par exemple : l'huile, les linges, les mains, le manteau, la boue...

Quand je prêche dans un endroit et que le Saint Esprit est en action, il m'arrive souvent lors de la prière de poser ma veste sur les malades. Pourquoi ? Parce que je suis rempli de l'Esprit et que tout ce que je suis et tout ce que je porte est sous l'onction divine, donc quand je pose ma veste sur les malades l'onction les visite et leurs jougs sont brisés.

Ne soyons pas religieux mais ouvrons-nous à la vie de l'Esprit, laissons le Saint Esprit travailler avec nous !

Un jour alors que je prêchais l'évangile dans la ville de Breda en Hollande, le Saint Esprit me dit : « descends dans la salle et serre la main aux personnes vers lesquelles je vais te conduire ». Je m'arrêtai donc de prêcher selon la conduite du Saint Esprit. J'allai dans la salle et me laissai conduire vers un homme. Je mis ma main sur son épaule quand tout à coup celui-ci poussa des cris de joie et des alléluias dans la salle. Que s'était-il passé ?

Ce que je ne savais pas est qu'il manquait à cet homme l'avant-bras et la main gauche, et au moment où j'ai posé ma main sur son épaule tout a repoussé, gloire au Seigneur ! Voyez- vous dans ce cas le point de contact était ma main.

En réalité quand vous êtes sous l'onction, tout ce que vous portez ou touchez est sous l'onction, c'est pourquoi afin de permettre que l'onction passe par ce livre pour vous toucher et vous guérir, j'ai consacré un cadre ci-dessous sur lequel j'ai prié sous l'onction. Si vous avez des besoins, si vous voulez être sauvé, guéri et délivré alors posez votre main dans ce cadre et recevez dans la puissance du Seigneur votre réponse au Nom de Jésus-Christ.

N'oubliez jamais cela : l'onction n'a pas de frontières !

2. Le point de contact

Posez votre main dans ce cadre puis priez avec moi. Ayez foi en Dieu.

« Père au nom de Jésus-Christ, je viens vers toi maintenant, selon la demande de l'évangéliste je pose ma main maintenant dans ce cadre et je reçois de toi : ma délivrance, ma guérison, la réponse à mes besoins.

Ton onction me touche maintenant, Seigneur merci pour ta grâce et ta miséricorde dans ma vie, je ressens ta présence maintenant, Saint-Esprit merci pour ta visitation, je la reçois pleinement au Nom de Jésus. Je confesse que tu es mon sauveur, mon libérateur et que tu es celui qui m'ouvre la porte vers la vie éternelle, je te rends gloire et honneur au nom de Jésus Christ.» Maintenant je reçois ma guérison, je me lève et je marche en ton Nom, j'entends de nouveau, mes yeux s'ouvrent, mon cancer disparaît, ma tumeur est anéantie, ma maladie est brisée elle sort de mon corps, oui je le crois au Nom de Jésus-Christ. Amen »

VIII. Témoignage et invitation

« Chers lecteurs, chères lectrices,

« En tant que première aide et coéquipière de mon mari Guy, et pour appuyer les encouragements et exhortations que vous avez pu trouver dans son livre, voici le message que je vous adresse humblement :

Dans les années 1993-95, nous tenions une librairie chrétienne dans le Centre commercial de mon village d'origine à Marmoutier en Alsace (en lien avec le Centre missionnaire « l'Espace du Plein évangile » de Haegen que le Seigneur nous avait confié à l'époque). Nous avions collé une immense affiche sur un mur de cette galerie marchande, là où passait un nombre incalculable de personnes avec leurs caddies pour faire leurs courses. Cette affiche était incontournable, car il n'y avait que cette allée pour se rendre au magasin. Sur cette affiche était écrit le verset suivant, en lettres immenses :

«Que servirait-il à un homme de gagner le monde entier, s'il perdait son âme ?... »   *(Matthieu ch16 v26).*

Je remercie le Seigneur pour cette opportunité d'afficher alors publiquement cette Parole de l'évangile qui a dû interpeller plus d'un passant. Mon propre père qui se rendait fréquemment dans cette galerie marchande pour y faire ses courses pouvait, à force de lire ce verset, nous le réciter à la maison !

Ce verset nous parle de notre comportement sur terre, du fait d'amasser le maximum de choses ici-bas, qu'elles soient matérielles ou immatérielles (par exemple, le statut social, les honneurs), dans un but égoïste. On peut perdre son âme si on ne vit que pour les choses terrestres sans se soucier de l'éternité.

Très jeune, j'ai pris conscience que nous sommes éternels, et que nos choix sur terre déterminent notre destinée dans l'au-delà. Notre vie sur terre est une simple introduction à l'éternité ; certains diront que nous sommes en « stage ».

J'ai longtemps cherché durant ma jeunesse le chemin pour la vie éternelle. C'était mon premier but dans la vie. Lorsque l'on cherche sincèrement le Seigneur, Il se laisse trouver. C'est ainsi qu'au travers de différents contacts avec des jeunes chrétiens rencontrés lors de mes études à Strasbourg que j'ai compris que le chemin se trouve dans la Parole de Dieu, la Bible, qui est Jésus Lui-même. En lisant ce livre de manière plus approfondie, j'ai compris qu'il est le chemin, la vérité et la vie, selon le verset : *« Je suis le chemin, la vérité, et la vie. Nul ne vient au Père que par moi » (Jean ch14 v6)*. Il n'y a donc qu'un chemin, qu'un intermédiaire qui mène vers Dieu : c'est son Fils Jésus-Christ lui-même. J'ai donc délaissé mes pratiques idolâtres envers la Vierge Marie et les saints (en effet, j'avais la coutume de prier devant les statues), pour entrer en communion personnelle avec Jésus par son Esprit.

J'ai ainsi pu obtenir l'assurance de mon salut en acceptant pleinement le sacrifice de Jésus à la croix, pour moi et à ma place, pour le pardon de mes péchés.

Je vous invite à Le rencontrer également, en l'acceptant en tant que Sauveur et Seigneur de votre vie. Le salut de votre âme n'a pas de prix ! Il ne s'acquiert pas à force de bonnes œuvres, mais nous l'obtenons par grâce, par le moyen de la foi, selon le verset : *« c'est par la grâce que vous êtes sauvés, par le moyen de la foi.*

Et cela ne vient pas de vous, c'est le don de Dieu. Ce n'est point par les œuvres, afin que personne ne se glorifie. » Ephésiens ch2 v8-9.

Recevez également l'Amour de Dieu qui va vous transformer et vous guérir de toutes vos blessures intérieures. Croyez qu'Il peut opérer des miracles dans chacune de vos situations difficiles, pour vous et votre famille. Ayez foi en Lui, vous pouvez compter sur Lui ! Il sera votre refuge et votre sécurité dans ces temps troublés. Il est le même hier, aujourd'hui, éternellement et veut vous bénir.

Pour conclure, je vous encourage à vous rapprocher de Lui chaque jour, par Sa Parole et dans Sa présence, afin de mieux Le connaître et Le glorifier.

A Lui soient la louange, la gloire et l'honneur ! » Chantal.

IX. L'Eglise

1. L'Eglise selon la Parole de Dieu

Concernant l'Eglise, je veux rappeler ce qu'est l'Eglise selon le Seigneur :

L'Eglise n'est pas un bâtiment de pierre, l'Eglise n'est pas un édifice religieux, l'Eglise n'est pas une dénomination, Non !

L'Eglise selon la Parole de Dieu est le rassemblement des croyants (nés de nouveau) ayant fait l'expérience de la conversion à Christ, baptisés par immersion selon l'enseignement et l'exemple de Christ et habités par l'Esprit-Saint, selon le livre des actes ch1 v8 : « *Vous recevrez une puissance le Saint-Esprit survenant sur vous, et vous serez mes témoins...* ».

Voilà ce qu'est l'Eglise selon le Seigneur.

Une des premières missions de l'Eglise est de transporter et de répandre la vie du Seigneur sur la terre.

En effet l'Eglise véritable (l'Ecclésia) est habitée par le Saint-Esprit et un des premiers rôles du Saint-Esprit est de révéler la personne de Jésus-Christ comme le sauveur et le rédempteur de l'humanité.

L'Eglise en tant que corps de Christ représente la personne de Jésus-Christ sur la terre. Dieu donne des dons / ministères pour conduire l'Eglise, pour l'édifier et lui donner la vision céleste.

L'Eglise n'est pas un mouvement ou une fédération ou une association religieuse, non l'Eglise, veut dire mis à part pour le Seigneur.

L'Eglise est également appelée l'épouse, celle que Jésus appellera en son temps à le rejoindre et ce temps vient, plus vite que nous le pensons.

L'église vivante (les pierres vivantes) transportant la vie de Christ possède une capacité extraordinaire à opérer dans le seigneur, c'est souvent le manque de connaissances révélées qui fait que son potentiel n'est pas utilisé, pourtant elle a en elle toute la dimension divine pour opérer les miracles, les signes et les prodiges.

Une des missions importantes de l'église se trouve dans l'évangile de Marc au chapitre 16 verset 15 : « *...Allez par tout le monde, et prêchez la bonne nouvelle à toute la création* », où Jésus va donner l'ordre à son église d'aller prêcher par tout dans le monde, de faire connaître son nom, de chasser les démons, de libérer les captifs et de renvoyer libres les opprimés et aussi de guérir toutes infirmités et maladies.

Il est important que l'Eglise réponde à cet appel, cela n'est pas réservé à une élite, mais bien à tout le corps de Christ. Les ministères / dons doivent permettre qu'il en soit ainsi, ils sont oints pour former, équiper et envoyer.

Ce qui est important ce n'est pas que l'on soit connu, ce qui est important est le fait que des âmes soient sauvées. L'Eglise a pour mission et le devoir de proclamer l'évangile dans toute sa simplicité et vérité.

L'Eglise a une grande tâche à accomplir sur la terre. Je ne peux pas là tout développer, mais le Seigneur a parlé clairement : l'Eglise doit soutenir Israël (la nation élue) elle se doit également d'aider les pauvres et de soutenir les veuves et les orphelins, ainsi que de prier pour ceux qui gouvernent les nations.

L'Eglise ne doit pas se conformer au siècle présent, mais doit être renouvelée dans son intelligence par le Saint-Esprit, afin de connaître quelle est la volonté du Seigneur.

Je veux le rappeler : l'Eglise vient du mot Ecclésia, qui veut dire « mise à part pour ».

2.   Lettre à l'Eglise

Pour introduire ma lettre, je tiens de vous communiquer au préalable le songe que j'ai reçu en juin 2021, qui se décrit comme suit :

Dans un profond sommeil alors qu'une semaine auparavant je recevais pendant une nuit le songe sur le sablier du temps, voici mon deuxième songe :

Il y avait un grand lac immense tout autour duquel se trouvaient des centaines d'assemblées chrétiennes. Chacune avait un nom différent. Ces assemblées étaient remplies de personnes qui louaient et adoraient le Seigneur de manière vivante. Elles avaient chacune des portes en bois double battants, comme des grosses portes des châteaux ; ces portes étaient toutes fermées.

Je voyais dans le grand lac dehors des milliers de personnes qui criaient au secours, les bras levés tout en se noyant dans le lac. Les gens se noyaient par milliers tombant dans les profondeurs du lac. Au fond de ce lac jaillissaient des flammes immenses. Il ressemblait à un étang de feu, un feu qui ne se consumait point. Les personnes y tombaient mais ne mouraient point. Elles vivaient des souffrances atroces, criant de tout leur être, mais personne ne les entendait.

Les croyants dans les assemblées n'entendaient rien, ils étaient tellement pris dans leurs réunions !

Prêtons attention, le Seigneur au travers de ce songe veut nous interpeller : nos oreilles sont-elles ouvertes à ceux et celles qui appellent au secours ? Ou sommes-nous tellement concentrés sur nous-mêmes ou enfermés dans nos bâtiments, que nous n'entendons plus les cris et les souffrances de ceux qui se perdent ?

Ce songe est parlant : entendons-nous les cris de ceux qui appellent au secours ? Qu'allons-nous faire, comment allons-nous réagir à cela ?

Voici une parole prophétique que je communique ci-dessous à l'Eglise, sous l'inspiration du Saint-Esprit : « Eglise Lève-toi, ne reste plus enfermée sur toi-même, sors de tes bâtiments et engage-toi dans la moisson de la terre.

Entends-tu les cris de souffrance, entends-tu le bruit de la misère, entends-tu le cœur du Seigneur pour les perdus ?

Je veux, dit le Seigneur te faire entendre le bruit de la faucille qui appelle à la moisson. Je veux ouvrir tes yeux afin que tu voies. Qu'est-ce qui te retient ? N'es-tu pas mon fils, ma fille, ne t'ai-je pas donné mon Esprit ? Alors lève-toi vaillant héros et sois trouvé dans la moisson, moissonnant la moisson de la terre ! Ils sont si nombreux, un nombre incalculable, ne te contente pas de ce que tu as ou de ce que tu fais, mais un grand travail reste à faire. Alors lève-toi, et que ta lumière brille ! Prêche mon Evangile, enseigne, libère les captifs et guéris les corps malades ! Jésus est la résurrection et la vie ; celui qui place en lui sa confiance et son espérance vivra éternellement.

La moisson est importante, levons-nous dans cette moisson et gagnons si possible des âmes pour le Royaume de Dieu, pour l'éternité. La valeur d'une âme a du prix aux yeux du Seigneur.

<u>Soyez des gagneurs d'âmes !</u>

En effet, il est important que nous prenions conscience de la vie éternelle et de l'enfer. Cela doit être plus qu'une prise de conscience, il faut que nous en ayons une révélation.

En tant que croyants nés de nouveau, baptisés par immersion et habités par le Saint Esprit, nous nous devons d'être des porteurs de la vie du Seigneur sur la terre.

Chaque homme, chaque femme, enfants sont des âmes et chacun en tant que tel est important devant le Seigneur.

Quel que soit la personne, son niveau d'étude, ses capacités, qu'il soit riche ou pauvre homme d'affaire ou clochard, son âme est importante devant le seigneur et nous nous devons de considérer cela.

En considérant les gens et leur avenir, nous nous devons d'annoncer la bonne nouvelle, puisque nous sommes les dépositaires de la vie du Seigneur. Ne sommes-nous pas le temple du Saint Esprit ? Cela ne doit pas rester en parole, mais doit devenir vivant en nous.

Oui nous sommes les dépositaires de la vie du Seigneur et le Saint - Esprit vit en nous, et puisque le Saint Esprit vit en nous par lui et en lui nous allons transmettre la vie du Seigneur aux autres.

Soyez les brancardiers du Seigneur, soyez les ambassadeurs du Seigneur, soyez des témoins sur toute la terre !

De plus réjouissez-vous de ce que votre nom est inscrit dans le vivre de vie, et réjouissez- vous et vous l'êtes quand vous devenez un gagneur d'âmes. Je ne parle pas aux gens de Christ pour remplir un bâtiment, non je parle aux gens de Christ pour le salut de leur âme, le reste suivra ; l'un sème, un autre arrose et christ fait croître. C'est une joie extraordinaire et un grand privilège que d'être un gagneur d'âmes, votre récompense sera grande dans le ciel !

La foi est l'assurance des choses que l'on espère, une démonstration de celles que l'on ne voit pas. Faisons œuvre de gagneurs d'âmes et d'évangélistes, engageons-nous dans la moisson !

PARTIE 2

Expériences missionnaires

1. Pourquoi j'annonce Jésus-Christ

-Parce que j'étais perdu et Il m'a sauvé, parce que je l'ai rencontré de manière personnelle et je sais qu'Il vit à tout jamais.

-Parce que j'ai compris que nous sommes nés non pour vivre 80 ans et plus, mais que nous avons été créés à l'image de Dieu et nous sommes nés pour vivre éternellement, mais le choix nous appartient et ceci de manière individuelle.

-Parce qu'Il m'a habité de son Esprit-Saint, celui-ci me formant et m'équipant pour aller porter la bonne nouvelle, renvoyer libres les opprimés et guérir toutes infirmités et maladies.

Parce que si je n'annonce pas Christ, j'en serai redevable et j'ai cette compassion d'attirer le plus grand nombre d'âmes avec moi au ciel.

2.   Activités missionnaires à travers le monde

Sous chapiteau dans les quartiers et les cités, dans les banlieues, sur les places publiques, au sein des communautés et autres, partout où nous pouvons prêché christ nous le faisons.

Combien de personnes sauvées, délivrées et guéries ! Nous n'avons pas compté, mais un grand nombre ont trouvé le salut, la délivrance et la guérison, Gloire au Seigneur !

Un dimanche après-midi alors que je prêchais l'évangile sous la tente, un jeune homme de confession musulmane est entré sous le chapiteau ; dans un premier temps il nous a attaqué de manière publique, mais le Seigneur est amour. Descendant de l'estrade, je l'ai pris par la main, en lui disant : « tu es musulman et moi chrétien, nous pouvons prier ensemble », il m'a répondu « oui ».

A ce moment-là, j'ai posé mes mains sur ses épaules et j'ai prié. Quelques minutes plus tard, il commençait à pleurer, acceptant le Seigneur comme son Sauveur. Il est aujourd'hui un pasteur engagé dans la moisson.

De telles expériences, je pourrais vous en citer des centaines !

Un peu plus tard le Seigneur nous a ouvert les portes des nations, nous envoyant dans différents pays du monde, tels que de nombreux pays européens, l'Afrique, l'Amérique, les îles comme Madagascar, mais aussi dans des pays musulmans où le Saint - Esprit se manifestait de façon extraordinaire ACCOMPAGNANT LA PAROLE DE Dieu avec des miracles et des prodiges.

a) En EUROPE

Le Seigneur m'a envoyé d'abord dans mon propre pays, la France, puis dans différents pays européens pour y mener des campagnes d'évangélisation, des actions humanitaires ou encore pour y rencontrer des ministères oints par le Seigneur, contribuant ainsi également à ma propre formation d'évangéliste.

-en France

D'abord seul avec mon épouse, nous avons acheté notre premier chapiteau de l'évangile à l'évangéliste Richard Metbach de Bordeaux. Nous étions alors membres de l'assemblée de Wattrelos dirigée par le couple pastoral Antoine et Christiane Nocek. Nous avons été convaincus par ce moyen d'évangélisation après avoir assisté aux réunions publiques que l'évangéliste avait organisé à Roubaix en 1988. Le chapiteau est un instrument d'évangélisation extraordinaire, nous permettant d'aller au pied des cités, les gens se sentent libres d'y venir ou de repartir.

Dans un premier temps nous avons planté ce chapiteau de 300 places dans plusieurs villes du Nord de la France, en relation avec les assemblées locales.

Puis nous avons pu acquérir un deuxième chapiteau de 500 places, commandé à Miami aux Etats-Unis. Dans les années 1990, de nombreuses assemblées nous ont sollicités pour venir dans leur ville afin d'y mener des campagnes d'évangélisation.

Ainsi, nous avons œuvré dans plusieurs villes de France, telles que Strasbourg, Colmar, Mulhouse, Paris, Lille, Tourcoing, Roubaix, Dunkerque, Malo-les-Bains, Boulogne-Sur-Mer, Guînes, Calais, Tours, Châtellerault, Marseille, Nice, Forges les Eaux, Neufchâtel en Bray, Amiens, Rouen, Grenoble, Saverne, Hochfelden , Sarre-Union, Belfort etc..

De nombreux équipiers ont grossi les rangs pour apporter leur soutien logistique, matériel et spirituel. Par la suite toutes sortes de chapiteaux de l'évangile, de tailles différentes selon les endroits ont pu être plantés, même en plein hiver au mois de février. Nous remercions le Seigneur pour cela. Tant de personnes ont été gagnées à Christ !

Je vous encourage à utiliser ce moyen, chaque assemblée devrait avoir son propre chapiteau, le mettre à disposition des gagneurs d'âmes appuyés par un évangéliste pour prêcher l'évangile, guérir les malades et servir la soupe.

Nous pouvons vous renseigner et vous conseiller pour vous procurer des chapiteaux de 150 à 300 places voire plus, cela est suffisant pour aller dans les quartiers ; vous pouvez monter un chapiteau de taille moyenne à 4 personnes en une matinée.

Utilisez ce moyen pour gagner des âmes à Christ ! Annoncez l'évangile, là où sont les perdus !

Avec des équipes de 4 à 5 personnes, nous allions souvent en bordure de mer pour y témoigner et prêcher l'évangile : à Mers-les-Bains, Boulogne-sur-Mer, Eu, Fort Mahon, Marseille, Nice etc... Des chrétiens nous accompagnaient, ainsi que des groupes tels que Jeunesse en Mission.

En réalité il nous faut aller là où sont les gens, avec du matériel de sonorisation portable fonctionnant sur batterie ; voyez-vous si vous voulez gagner des âmes à Christ, il vous faut aller prêcher là où sont les gens. Sortez de vos bâtiments et allez porter le message salutaire à tous ceux et celles qui ne l'ont pas encore entendu !

Jésus-Christ prêchait souvent en bordure de mer, sur les montagnes ou à proximité des lacs, là où sont les gens.

Formez des équipes spirituellement, équipez-les matériellement Dieu ajoutera chaque jour à l'Eglise ceux qui sont sauvés.

Que de personnes rencontrées et sauvées en bordure de mer l'été, les gens s'y promenant par centaines ! En tant ministère évangéliste je vous conseille de fermer vos bâtiments le dimanche après-midi et d'aller témoigner et porter le message de Christ en bordure de mer, auprès des lacs et des rivières.

Il est bon aussi d'interpréter le message en Anglais.

Vous ne savez jamais avant de partir qui vous allez rencontrer. Un samedi après-midi, je prêchais sur la place centrale dans la ville de Dieppe sur un podium qui avait été installé par la ville pour le concert d'un groupe Rock, celui-ci avait été annulé en raison de la pluie. Le St Esprit nous avait montré d'y prêcher malgré la pluie abondante. Mon épouse me traduisait en anglais. J'ai aperçu dans la foule un couple de motards qui buvaient la parole de Dieu, et je voyais le Saint-Esprit les toucher. Après le message, nous sommes allés vers eux et avons pu échanger ensemble en Anglais. Ils venaient de Finlande, tous deux travaillaient comme hauts fonctionnaires d'état dans leurs pays. Après leur avoir laissé nos coordonnées, à notre grande surprise le soir même ils nous ont téléphoné pour savoir s'ils pouvaient nous rencontrer à nouveau. Nous habitions alors à Blingemer près de la ville d'Aumale en Normandie. Ainsi, nous les avons reçus chez nous. Ce soir-là, après le repas, ils se sont donnés au Seigneur, et le lendemain matin au petit déjeuner ils ont été baptisés dans le Saint Esprit avec la manifestation des langues. Gloire au Seigneur ! C'est pourquoi, soyons audacieux, qu'il fasse beau ou qu'il pleuve, pour aller proclamer le message du salut et de la délivrance là où sont les gens.

-En Italie à Campabasso au fin fond de l'Italie en Sicile j'ai pu apporter la bonne nouvelle de l'évangile sous une tente de 3000 personnes avec la mission « Christ est la réponse » (une association d'évangélisation qui se déplaçait alors sur toute l'Europe avec une équipe de 120 personnes). Nous avons prêché dans les villages italiens avec les sonorisations portables, que d'expériences, de miracles divers et de guérisons !

-En Allemagne

Au nord de l'Allemagne, en relation avec une église locale j'ai assuré une campagne sous chapiteau. J'ai également pu me déplacer à Frankfort au siège de Christ pour toutes les Nations (CFAN) afin d'y rencontrer le ministère Bonke.

Il faut savoir que l'Eglise du Seigneur en tant que corps de Christ est importante dans le monde. Nous trouvons dans les nations des hommes et des femmes oints du Saint Esprit d'une manière extraordinaire, et nous avons besoin dans notre appel de rencontrer ces personnes qui peuvent apporter une valeur ajoutée à notre ministère.

-En Suisse

Sur le bord du lac Leman à Lausanne nous avons pu tenir une campagne publique avec notre camion podium, invités par le Pasteur Mathieu Gagnant et son équipe. Je n'oublierai jamais cette jeune femme rencontrée au bord du lac qui voulait mettre fin à ses jours, mais que nous avons pu amener au Seigneur. Lors d'une seconde visite dans l'assemblée locale de Lausanne, j'ai revu cette femme qui louait et adorait le Seigneur d'une façon merveilleuse. Cela a rempli mon cœur de joie.

A Genève, le chapiteau a été implanté sur la place du centre-ville avec une réunion d'ouverture où étaient présents plus de 80 ambassadeurs.

J'ai également visité plusieurs assemblées locales sur la Suisse, fortifiant et encourageant le corps de Christ, lui rappelant également de gagner des âmes.

-En Suède

Nous nous sommes rendus plusieurs fois à Uppsala dans une des plus grandes assemblées, où l'Esprit de Dieu travaille comme je n'avais jamais vu, dans une dimension extraordinaire, dans l'Eglise Parole de Foi dirigée par le Pasteur Ulf Ekman. Là nous avons vu l'engagement des croyants pour les nations du monde et Israël.

Le Saint Esprit nous a conduits là-bas pour y rencontrer différents ministères oints tels que Lester Sumrall, Colin Urquhart. Cela nous a ouvert de nouveaux horizons dans le Seigneur.

Il est important que chaque croyant puisse voyager dans différentes nations afin de concevoir dans son esprit l'ensemble de l'œuvre du Seigneur, selon ce qu'a dit le prophète Esaïe : « élargis l'espace de ta tente, affermis et pieux et étends tes cordages ».

-En Angleterre à Birmingham avec mon épouse, où nous avons été secourus par un ange, alors que nous devions nous rendre à Birmingham, pour une grande campagne et que nous nous étions égarés dans les bas-fonds de Londres. Quel miracle, oui les anges existent, et ils sont au service de ceux et celles qui sont appelés au ministère.

- Aux Pays-Bas à Amsterdam

J'ai été envoyé par le Saint Esprit aux Pays-Bas pour prêcher dans des assemblées locales, mais aussi pendant 3 nuits à aller porter l'évangile auprès d'une jeunesse désœuvrée, liée dans les puissances de la drogue et de la prostitution.

Combien de jeunes hommes et de jeunes filles sont dans la souffrance, liés dans la drogue et la prostitution. Il nous faut être équipé par le saint Esprit, pour aller dans de tels milieux. Combien de fois j'ai vu des couteaux et des revolvers me menacer, mais la puissance de Dieu est illimitée. C'est dans de tels endroits que nous comprenons ce que l'apôtre Paul a dit que nous n'avons pas à lutter contre la chair et le sang, mais contre les dominations, les princes des ténèbres et les esprits impurs.

Combien sont tombés dans mes bras me disant dans des pleurs : « évangéliste aidez nous, nous ne pouvons-nous en sortir ! ».

Nous avons en tant qu'ambassadeur de Christ cette capacité en nous, la puissance de l'Esprit en nous avec les dons spirituels va permettre que beaucoup soient libérés, guéris et transformés.

- **Dans les Pays de l'Est**

- **(Roumanie, Pologne, Hongrie, Russie)**

Le Seigneur m'a envoyé dans différentes nations de l'Est, où j'ai pu voir la misère et les souffrances particulièrement causés par l'alcoolisme, la misère profonde dans certaines cités, où on retrouvait chaque matin des hommes ivres en pleine crise d'épilepsie. Quelle misère et quelle souffrance pour des familles entières !

Le Seigneur m'a envoyé plusieurs fois dans ces nations, pour y apporter l'Evangile et la guérison, combien de miracle et de prodiges, oui le Seigneur aime les gens et son désire le plus profond est que chacun le connaisse comme un Père.

Non seulement nous avons prêché dans ces nations, mais également apporté une aide humanitaire importante (vivres, médicaments, bibles et nouveaux testament). Bien des fois il nous est important de nourrir les corps avant de nourrir les âmes.

Pourquoi aurais-je 2 manteaux alors que certains n'en n'ont pas un ?

Il y a plus de joie à donner qu'à recevoir, et gloire à Dieu pour le secours apporté des tonnes de sachets de soupe Royco, du chocolat, des remorques et des camions entiers de vêtements, des livres, des cahiers et des crayons pour les enfants ! Le Seigneur m'avait donné 2 camions financés par un homme d'affaire Français du Nom de François.

Quelle grâce, un jour un homme d'affaire chrétien Français m'a demandé si je pouvais emmener son fils Jean Luc, de 19 ans avec moi en mission en Roumanie. Celui-ci était opposé à se donner au Seigneur, mais était intéressé à faire un voyage humanitaire. Nous sommes partis ensemble, parcourant des kilomètres pour arriver en Roumanie et monter dans les Carpates, et c'est là dans un petit village des montagnes au sein d'une petite communauté chrétienne que notre ami Jean-Luc a rencontré le Seigneur.

Gloire à Dieu il est aujourd'hui un Pasteur d'une belle assemblée sur Paris. Le Seigneur a ses moments et ses moyens pour nous toucher !

b) En AFRIQUE

-En Côte d'Ivoire

J'ai pu me rendre en côte d'Ivoire, invité par le ministère Michel VAKO (et son épouse) basé au Portugal, un homme de Dieu d'une grande onction apostolique responsable (entre autres) de plusieurs communautés chrétiennes de par le monde, d'une grande école biblique, de plusieurs lycées et collèges, d'orphelinats et de dispensaires.

Invité comme orateur à leur séminaire annuel à Abobo proche d'Abidjan sur le thème do l'onction pendant une semaine, je prêchais tous les jours, c'était extraordinaire. L'onction était puissante avec des manifestations de guérisons merveilleuses. Des aveugles faisaient la queue, les uns après les autres retrouvant la vue après l'imposition des mains. Les sourds entendaient et les muets parlaient. Les gens étaient en pleurs, quelle magnifique démonstration de la puissance de Dieu !

- Au Cameroun

Dans la ville d'Ebolowa, lors d'un congrès apostolique où j'étais invité comme orateur, un soir l'Esprit de Dieu m'a saisi donnant une parole prophétique très forte aux pasteurs et aux responsables. Cette parole leur rappelait de ne pas bâtir vainement mais de bâtir sur le fondement inébranlable qu'est le Seigneur. Quelle communion et quel miracle quand nous laissons travailler le Saint-Esprit !

Dans cette nation le Seigneur m'a permis de m'adresser lors de rencontres à plusieurs hommes et femmes d'affaires, dont des colonels de l'armée.

-Au Gabon

Alors que je prêchais dans un grand lycée à des centaines de jeunes hommes et jeunes filles, le Saint Esprit me dit : « Il manque ici une jeune fille ».

J'ai partagé cela à la directrice du lycée, qui m'a emmené face à une pièce complètement fermée, où une jeune fille était enfermée à cause des crises de folie. Elle ne pouvait voir la lumière, tellement les ténèbres étaient fortes dans sa vie.

En entrant dans la pièce je ressentais les puissances démoniaques sur cet enfant, mais gloire à Dieu la lumière est venue dans cette pièce et après un combat spirituel très fort, j'ai pu sortir avec la jeune fille complètement délivrée. Quel miracle dans ce lycée ! On en parle encore aujourd'hui.

Au Gabon j'ai prêché dans différentes communautés à Libreville et Franceville et jusqu'à la frontière de la Guinée équatoriale. Nous y avons vu la puissante manifestation du Seigneur au travers des signes, des miracles et des prodiges.

-Au Congo : à Kinshasa et à Brazzaville

Je me suis rendu plusieurs fois au Congo, et pour ceux qui connaissent j'ai pu prêcher par un concours de circonstances divin, dans la plus grande prison à ciel ouvert dans la cité de Makala à Kinshasa.

J'étais là, entouré de militaires, m'adressant à des centaines d'hommes et de femmes qui avait commis pour la plupart l'irréparable.

La miséricorde et la grâce du Seigneur abonde là où nous allons prêcher Christ, J'ai pu voir des centaines se convertir, beaucoup être libérés et guéris. Je n'oublierai jamais ces hommes et femmes qui tombaient à genoux, pleurant de toutes leurs larmes, demandant le secours du Seigneur.

Gloire à Dieu pour de tels miracles et prodiges ! Dans cette même cité nous avons pu distribuer des milliers de petits pains et du coca cola en abondance.

Ensuite le Seigneur m'a envoyé plusieurs fois sur le Congo Kinshasa où j'ai pu prêcher dans diverses assemblées dont la plus grande contenait plus de 20000 membres. Ce peuple a soif de l'évangile, désireux de recevoir l'enseignement du Seigneur et la guérison. Je suis encore à ce jour invité de manière régulière dans cette nation.

J'ai également pu traverser le fleuve pour me rendre sur Brazzaville où nous avons pu tenir une campagne de plein air devant des centaines de personnes. Nous ressentions une soif de l'évangile importante, mais aussi un besoin de beaucoup de personnes de trouver la miséricorde du Seigneur.

-Au Burkina Faso : Résurrection d'un homme mort depuis 3 jours

Invité par l'assemblée du Pasteur Karambiri, j'ai tenu une campagne au Burkina Faso, prêchant et enseignant sur l'évangélisation pendant plus d'une semaine et dans la continuité de mes enseignements tenant une campagne publique de plein air devant des milliers sur la ville de Fada.

Alors que j'étais là sur l'estrade de fortune, je fus pris d'une envie pressante d'uriner, j'ai donc dû m'arrêter de prêcher, me faisant remplacer. M'étant éloigné pour me mettre à l'écart dans un endroit plus reculé, qu'ai-je vu là au loin dernière un arbre ? Un cadavre d'un homme sur lequel les mouches tournaient déjà.

Quelle fut ma surprise ! Revenu sur l'estrade, mes pensées étaient uniquement concentrées vers cette personne morte, alors à l'étonnement de tous je me suis arrêté de prêcher et j'ai demandé au protocole d'aller la chercher.

Ceux-ci l'ont amené sur l'estrade, mais qu'allait-il se passer ? Tout le monde attendait et les gens regardaient. La foi est une ferme assurance des choses que l'on espère, la démonstration de celles que l'on ne voit pas.

Le mort était là, allongé sur l'estrade. Je l'ai simplement pris par la main droite et je lui ai dit : « réveille-toi maintenant au nom de Jésus-Christ !».

Miracle ! Alors que je le tenais par la main droite, il se réveilla, se tenant debout, disant : « Qu'est-ce que je fais là ? »

Gloire au Seigneur pour la manifestation de sa puissance !

Vous auriez vu cette joie indescriptible au milieu de la foule, cette nuit-là j'ai prié pour les malades jusqu'au petit matin. Quelle gloire, merci Seigneur !

-En Algérie et au Maroc

Poussé par le Seigneur, je me suis également rendu en Algérie et au Maroc pour y prêcher l'évangile, libérer les captifs et guérir les malades. A peine je fus descendu de l'avion dans chacune de ces deux nations, un comité pastoral est venu vers moi en me disant « évangéliste, vous ne pouvez pas prêcher ici comme dans les autres nations d'Afrique ». Au moment même où ils me disaient cela, je ressentais sur le plan physique des liens sur mes deux mains. Nous devons comprendre que l'évangile n'a pas de frontière et que Jésus-Christ est le même quelque soit la nation dans laquelle il nous envoie. Les pasteurs de par leur comportement ne se rendaient pas compte qu'ils fermaient une porte à l'évangile. Néanmoins le Saint Esprit avait prévu autre chose avec moi dans ces deux nations, puisque dans les deux cas j'ai pu tenir de grandes réunions avec la jeunesse marocaine et algérienne, beaucoup de jeunes gens se donnant au Seigneur et recevant le Baptême du Saint-Esprit avec la manifestation des langues. Je n'oublierai jamais les pleurs de ce jeune homme appelé au ministère quand je lui ai offert ma propre bible. Il est tombé à genoux en remerciant le Seigneur.

c) <u>Aux ETATS-UNIS : le Canada</u>

Le Seigneur m'a également propulsé sur le Canada où pendant 3 nuits nous sommes allés avec l'équipe d'évangélisation dans les rues de Montréal, portant le secours aux démunis et à une jeunesse liée dans les puissances de l'héroïne.

Pendant les nuits nous avons prêché, imposé les mains, libéré des captifs, guérissant les malades. Nous avons également apporté le secours aux pauvres en servant de la soupe chaude, des sandwichs et des couvertures.

Le Seigneur cherche des hommes et des femmes pour œuvrer dans la moisson, tant au Canada que dans toutes les nations du monde. J'entends sa voix dire : « Qui enverrai-je ? »

Il ne suffit pas de parler, il faut être habité et animé par l'Esprit-Saint, équipé par le Seigneur pour aller dans de tels endroits. Permettez-moi de vous dire que le Seigneur n'est pas venu pour humilier les gens, mais l'amour de Dieu est tellement puissant, que Dieu a donné sa vie en Jésus-Christ pour chacun de nous, et il a donné sa vie pour notre jeunesse également. La solution existe, elle est en Jésus-Christ qui libère des drogues et de tous liens générationnels ou autres.

Esaie 61, nous dit : « Il m'a envoyé pour guérir les cœurs brisés, pour proclamer aux captifs leur délivrance et aux aveugles le recouvrement de la vue ».

Voilà pourquoi nous avons été oints du Saint-Esprit pour aller vers les perdus, et non nous enfermer dans des salles entre quatre murs, nous faisant du bien à nous-mêmes dimanche après dimanche alors que notre jeunesse crie : »au secours ! Aidez-moi, je me noie ! ».

J'ai vu en Esprit les puissances de l'enfer, j'ai vu nos assemblées portes fermées se réjouir dans le seigneur, chantant et louant Dieu, mais nous chantions tellement fort concentrés sur nous-mêmes, que nous n'entendions plus les cris du dehors de ceux qui appellent au secours se noyant dans la mer de ce monde et leur âmes attirées ver l'enfer éternel.

Voyez-vous cela, vos yeux sont-ils ouverts, les écailles sont-elles tombées, nos oreilles entendent-elles les cris de souffrances et de douleurs de ceux et celles qui se noient dans la misère de ce monde ?

3. L'association

a) La mission A.M.H. Béthanie

Sa particularité est de gérer le ministère d'évangélisation sur le plan international, d'organiser les campagnes et les visites dans les communautés, d'enseigner et de prêcher ainsi que d'assurer des formations à l'évangélisation de manière pratique, telles que comment prier pour les malades avec efficacité.

La mission A.M.H. Béthanie équipe et forme des évangélistes de toutes nations en les soutenants financièrement et matériellement (sonorisations portables, vidéo projecteurs avec écran, matériel informatique, bibles et nouveaux testaments en différentes langues).

Un des objectifs est de faire entrer un maximum de personnes au ciel, en prêchant le sacrifice de Jésus-Christ à la croix, sa résurrection et son retour.

Comme je le dis souvent, l'Evangile n'est pas une religion, c'est la puissance de Dieu pour votre salut, et celui-ci se manifeste par des guérisons, des miracles et des prodiges.

Soutenons et envoyons les évangélistes dans les nations !

Vous pouvez nous contacter et nous soutenir par notre site internet : www.béthanieonctionaction.org

b) "La Main Tendue"

"La Main Tendue" fait partie intégrante du ministère d'évangélisation. Nous avons mis cette association en place en vue de pourvoir aux besoins de nourriture pour les orphelinats, les communautés, les écoles et les dispensaires que nous soutenons dans les nations.

En effet comme il est primordial de prêcher Christ pour le salut de l'âme (et pour ma part, il n'y a rien de plus essentiel), il nous faut également être remplis de compassion pour les nations pauvres.

C'est une des raisons de l'existence de "La Main Tendue", fondé par Chantal Milon. J'en suis le responsable spirituel et j'appuie ce travail humanitaire de toutes mes forces, car le Seigneur lui-même nous a enseigné l'importance de prendre soin des veuves et des orphelins, mais aussi d'apporter du secours à nos frères et sœurs dans la foi (Jacques ch1 v27).

Il est vrai que les besoins sont nombreux, mais ce n'est ni par notre force, ni par notre intelligence, mais bien par l'Esprit du Seigneur. (Zacharie chapitre 4 v 6)

Aide humanitaire: La main tendue

Contact: chantalmilon@yahoo.fr

Conclusion

Dans les temps actuels que nous traversons, j'invite chaque homme, chaque femme, chaque jeune homme et jeune fille qui ne connaît pas encore le Seigneur, à le chercher et le rencontrer. Cela changera votre vie et vous aurez en vous une espérance vivante de savoir où vous allez après la mort. Concernant l'Eglise (corps de Christ), je lui conseille de se lever dans la moisson de la terre. Nous devons de réaliser que nous avons une grande responsabilité de par le fait d'avoir enfermé l'évangile dans des bâtiments. En tant qu'Eglise, nous devons nous lever et aller moissonner là où sont les gens. Jésus-Christ lui-même nous invite à écouter et entendre le bruit de la faucille qui appelle à la moisson. Celle -ci reste importante dans le monde. Libérons les ministères, équipons-les et envoyons-les dans cette grande moisson.

Comme me l'a montré le Seigneur, le sable dans le sablier du temps s'écoule jour après jour. Nous nous devons d'y prendre garde et d'être attentifs à ce que nous dit le Saint Esprit. Beaucoup attendent un grand réveil mais nous vivons un réveil permanent quand nous sommes engagés dans la moisson de la terre. Je n'attends pas après un réveil pour aller gagner des âmes à Christ. Comme l'a rappelé le prophète Esaïe, élargissons l'espace de nos tentes, affermissons nos pieux et étendons nos cordages. Et comme le dit souvent l'apôtre Antoine Nocek de la fédération EMA (Ensemble dans Mission Apostolique):

« En avant ! »

Que le Seigneur vous bénisse abondamment ainsi que toute votre famille et acceptez-le comme votre Sauveur. Vous serez étonné et encouragé, car Il est vivant hier, aujourd'hui et éternellement.

Pour tout contact :

Ev Guy Patrick Milon

06.04.45.72.51/ guymilon@gmail.com/

www.bethanieonctionaction.org

Guy et son épouse Chantal vous invitent à vous mettre en phase avec l'horloge de Dieu, afin que chacun puisse entrer dans sa destinée.

I want morebooks!

Buy your books fast and straightforward online - at one of world's fastest growing online book stores! Environmentally sound due to Print-on-Demand technologies.

Buy your books online at
www.morebooks.shop

Achetez vos livres en ligne, vite et bien, sur l'une des librairies en ligne les plus performantes au monde!
En protégeant nos ressources et notre environnement grâce à l'impression à la demande.

La librairie en ligne pour acheter plus vite
www.morebooks.shop

Printed by Books on Demand GmbH, Norderstedt / Germany